Das „Leben"
nach dem irdischen Leben

WERNER HANITZSCH

Das „Leben"
nach dem
irdischen Leben

Bibliografische Information der Deutschen Nationalbibliothek:

Die Deutsche Nationalbibliothek verzeichnet diese Publikation

in der Deutschen Nationalbibliografie;

detaillierte bibliografische Daten sind im Internet

über https://portal.dnb.de/ abrufbar.

© 2020 Werner Hanitzsch

Satz, Umschlaggestaltung, Herstellung und Verlag:

BoD – Books on Demand, Norderstedt

ISBN: 978-3-7526-5033-4

Inhalt

Vorwort

Liebe Leserinnen und liebe Leser,

was für ein eigenartiger Titel, werden Sie sich vielleicht fragen, denn eigentlich müsste es doch heißen: „Das Leben nach dem Tode."

Aber dieser Titel ist bewusst gewählt.

Aus meinen Büchern „Wo ist Gott?" und „Ich bin dir näher, als du glaubst -Gott" wissen Sie bereits, dass unser „Leben" **nicht** an der Friedhofsmauer endet. Nur unser physisches, also irdisches Leben endet dort.

Auch über die Auferstehung habe ich berichtet. Also das ist alles schon geklärt.

Aber das „Leben nach dem irdischen Leben" hat nichts mit der „Auferstehung von den Toten" zu tun. Die Auferstehung ist physisch, also körperlich, und das Leben nach dem irdischen Leben ist ausschließlich geistig.

Es gibt viele Autoren, welche über einen „Blick ins Jenseits" berichten und damit natürlich auch gewisse „Begehrlichkeiten" des Wissens wecken, man könnte auch „Neugierde" dazu sagen.

Um ehrlich zu sein, vieles von dem, was da geschrieben wird, zweifle ich an. Aber genauso könnte man natürlich das anzweifeln, was ich schreibe. Beweise gibt es von keiner Seite, aber eine gewisse Logik.

Andere Autoren berichten von einem Erlebnis des „scheinbaren Sterbens", also die „Nahtoderfahrung" und ich schreibe über die eventuellen Möglichkeiten dazu, da besteht ein großer Unterschied.

Ich bin mir sicher, dass unser Gehirn eine Erinnerung an das wirkliche Sterben oder an ein evtl. Nahtoderlebnis nicht zulässt. Deshalb erläutere ich hier die theoretischen Grundlagen zu solch einem Vorgang.

Tatsache ist, wir besitzen zwei Leben: ein begrenztes irdisches, körperliches und ein unbegrenztes geistiges, himmlisches Leben.

Ich wünsche Ihnen eine interessante Lektüre.

Werner Hanitzsch

Der Beginn des „irdischen Lebens"

Ganz am Anfang ist zunächst absolut **nichts** von unserer persönlichen „Lebensenergie", von unserer „Seele", vorhanden.

Es gibt ein unvorstellbar großes Energiefeld, welches uns umgibt, aber welches wir nicht bewusst wahrnehmen. **Das ist Gott!!**

Den Begriff „Energie" werde ich Ihnen noch eingehend erläutern.

„Energie" ist die Grundlage unseres Lebens, „Energie" ist Gott! Das alles sagt uns aber noch nicht, wo diese „Energie" ist.

Wir wollen hier auch nicht in die Physik eintauchen und die „Energie" mit der Maßeinheit „Joule" untersuchen. Nein, wir befassen uns mit der „Energie" des Lebens.

Da sind zunächst irgendwo zwei Menschen, eine Frau und ein Mann, welche die Grundsteine und Voraussetzungen für eine neue Menschwerdung in sich tragen. Bei der Paarung dieser beiden Menschen werden zwei mikroskopisch kleine menschliche Bausteine, also Zellen, zusammengeführt und vereinigt. Mit der Vereinigung dieser beiden Bausteine, welche als Materie fast ein **„Nichts"** darstellen, wird etwas in Gang gesetzt, was wir zwar alle kennen, aber keiner kann es begreifen oder nachvollziehen. Es ist und bleibt ein göttliches Wunder.

Bereits in der Phase der Entstehung des neuen Lebens im Leib der Mutter wird dem entstehenden neuen Leben durch das Energiefeld „Gott" die Energie übertragen, welche es zum Leben benötigt. Mit anderen Worten, das Energiefeld „Gott" überträgt die Lebensenergie für das Kind, über die Mutter und den Vater. Bitte beachten Sie, es wird keine **neue** Energie geschaffen, sondern zwei vorhandene Felder zu einem vereinigt. **Energie kann nicht erzeugt werden!!** Energie ist vorhanden, wird umgeformt, vereinigt und übertragen.

„Gott", das Energiefeld, gibt uns das Leben, erhält uns am Leben und lässt uns „wachsen". Den Begriff **„Wachsen"** haben wir in meinem Buch „Ich bin dir näher, als du glaubst - Gott" bereits untersucht. Als kurze Erinnerung: „Wachsen" gehört in die Reihe der echten Wunder! Wenn etwas „wächst", bildet und entwickelt sich Materie aus „Nichts" und wir müssen uns immer wieder fragen, wo kommt das her, was da wächst? Der Fötus wiegt nur einige Gramm und ein erwachsener Mensch fast einhundert Kilogramm. Jede Materie besteht aus Atomen und Molekülen, welche sich beim „Wachsen" ständig vermehren. Aber wo kommen sie her?

Nach einer bestimmten Zeit der Entwicklung des neuen Lebens mit der göttlichen Energie wird der neue Mensch geboren und in die Welt gestellt. Nun muss er „wachsen" und sich entwickeln. Das Ganze wird begleitet von körperlicher Ertüchtigung und geistiger Ausbildung. Körperliche Ertüchtigung bedeutet in jedem Fall eine Tätigkeit, also Bewegung. Geistige Ausbildung hingegen bedeutet Lernen. Für das körperliche Wachsen müssen wir nichts tun. Das macht Gott mit seiner „Energie" und niemand weiß, wie das funktioniert.

Die Ausbildung des Wissens hingegen ist einzig und allein vom Fleiß des Menschen abhängig. Der Erfolg der beiden Ausbildungsrichtungen ist sehr unterschiedlich und ist von den verschiedensten Voraussetzungen abhängig, welche jedoch hier nicht beachtet werden sollen, da sie nicht göttlich, sondern von Menschen gemacht sind.

Ohne Gott, also ohne diese Energie in uns, wäre weder ein Leben noch das Wachsen, ja nicht die kleinste Bewegung möglich. Dies ist eine bekannte Tatsache, welche ich bereits in meinen anderen Büchern eingehend erläutert habe.

Also Energie ist die Voraussetzung allen Lebens! Da muss man sich schon mal fragen, was ist Energie? Wo ist sie? Wie groß ist sie? All diese Fragen kann kein Mensch beantworten. Energie kann man nur an ihren Wirkungen erkennen und nur diese kann man messen und dann daraus die Menge der verbrauchten Energie errechnen. Aber das sind Probleme der Physik und die wollen wir jetzt nicht untersuchen.

Zum Zeitpunkt der Geburt eines Menschen ist alles noch klein und unterentwickelt. Die in unserem Körper innewohnende **Kraft** ist noch schwach, aber die **Energie** (Gott) ist schon sehr groß! Bitte beachten Sie, Energie und Kraft sind zwei völlig verschiedene Begriffe.

Die Entwicklung des Körpers und der Gehirnmasse ist genau aufeinander abgestimmt. Allerdings sind die sich entwickelnden Gehirnzellen zunächst leer, leer wie ein nicht bespieltes Tonband. Dieses „Leer" hat nichts mit Materie zu tun, sondern ist geistig.

Ich will versuchen, diesen Zusammenhang etwas zu erhellen.

In meinem Buch „Ich bin dir näher, als du glaubst – Gott" habe ich auf Seite 33 erwähnt, dass **ein Kubikmillimeter** Gehirnmasse etwa **eine Milliarde** Synapsen enthält. Das ist eine unvorstellbare Menge in dieser geringen Masse, und eine Synapse ist nicht nur eine einfache Körperzelle, sondern einer der kompliziertesten Bausteine in unserem Körper überhaupt. Eine Synapse ist die Verbindung zwischen einer Gehirnzelle und einer Nervenzelle. Ohne Synapsen gäbe es keinen Denkvorgang und ohne Denkvorgang wäre auch nicht die kleinste **bewusste** Bewegung möglich. Die „Kleinheit" (das Ausmaß) **einer** Synapse ist einfach nicht vorstellbar.

Dies ist zunächst der Grund dafür, dass die Entwicklung der Gehirnmasse mit den unendlich vielen Synapsen länger dauert, als z. B. die Entwicklung des Körpers. Dazu kommt noch ein ganz wichtiger und für die Entwicklung des Menschen entscheidender Punkt. Die sich entwickelnden Gehirnzellen sind zunächst leer, wie oben bereits erwähnt. Leer wie ein unbespieltes Tonband oder ein leerer USB-Stick. Das „Wissen" wächst also nicht automatisch mit dem Körper, sondern muss erworben (erlernt) und über die Synapsen den Gehirnzellen zur Speicherung zugeführt werden. Die Voraussetzung hierfür ist allerdings, dass der Mensch mit seinen Gehirnzellen gesund ist, denn nur dann sind diese Zellen lern- und speicherfähig. Das später in den Gehirnzellen gespeicherte

Wissen ist ja keine Materie, welche automatisch wächst, sondern ist geistig und muss erworben werden.

Das „Wissen" wird entweder durch **Erfahrungen** (wie Tasten, Sehen, Riechen, Schmecken, Hören) oder durch **Erlernen** erworben.

Also haben wir zwei Gruppen:

Die Wissensaneignung durch Erfahrung, wie z. B.:

Eine Biene oder Wespe läuft auf dem Arm eines Kindes. Das Kind wurde noch nie von einem Insekt gestochen und hat deshalb auch keinerlei Ängste.

Das Kind reagiert gelassen und wird deshalb auch wieder nicht gestochen. Dadurch werden auch keine Ängste aufgebaut. Erst nach dem Schmerz eines Stiches entstehen Ängste.

Auch das folgende Beispiel gehört in die Gruppe „Erfahrung":

Ein Kleinkind kennt weder Schokolade noch Zwiebel oder sonst etwas und wird alles, was man ihm gibt, in den Mund stecken, um es kennen zu lernen. Erst danach hat es sich das **Wissen** angeeignet, was schmeckt oder was ungenießbar ist. In der Gruppe „Erfahrung" ist es nicht dramatisch, wenn Fehler gemacht werden.

Das Kind spuckt es aus und hat durch „Erfahrung" gelernt.

Dramatischer ist die Gruppe „Erlernen", denn hier kann „Unwissenheit" das Leben kosten.

Hierzu möchte ich nur zwei Beispiele nennen:

Ein Kind, was nicht „gelernt" hat, wann man auf das Eis eines zugefrorenen Teiches gehen darf, kann evtl.

seine Unwissenheit mit seinem Leben bezahlen, denn die „Erfahrung" hierzu kommt immer zu spät.

Ein Kind, was nicht „gelernt" hat, welche Beeren giftig sind, ebenso.

In diesen Fällen gibt nur das **erlernte** „Wissen" Sicherheit. Eine evtl. „Erfahrung" hat hier meist einen tödlichen Ausgang und wird damit sinnlos. Kann also in diesem Fall das „Lernen" nicht ersetzen.

Der Prozess des Erlernens zieht sich durch das ganze Leben. Der Umfang und die Qualität des Erlernten haben entscheidenden Einfluss auf das ganze Leben und den Standard des Verlaufes desselben.

Für das Wohlbefinden und den Erfolg des sich entwickelnden Menschen ist nicht nur die Körperertüchtigung und Wissensbildung von großer Bedeutung, sondern mit an erster Stelle steht die Beeinflussung und Bildung der Mentalität. Die Mentalität entwickelt sich aus Gefühlen gepaart mit Wissen und Glauben.

Für die perfekte Erlernung eines Berufes ist es zunächst völlig unerheblich, ob sich der Mensch zu Gott hingezogen fühlt, also an ihn glaubt oder nicht. Alles ist zunächst nur von seiner Tüchtigkeit abhängig. Er wird also auch ohne den Glauben an Gott erfolgreich sein. Diese Freiheit des Denkens hat uns Gott garantiert. Von Gott wird es niemals Zwänge in irgendeiner Form geben. Alles, was es an Zwängen oder Ähnlichem in dieser Richtung gab oder evtl. sogar noch gibt oder geben wird, ist von Menschen gemacht.

Viele Menschen fragen bei katastrophalen Ereignissen: „Warum lässt Gott so etwas zu?"

Diesen Menschen möchte ich eindringlich sagen: „Bitte denken Sie über diese Frage nach."

Wenn Gott ein irdischer Vater wäre, dann wäre diese Frage berechtigt. Aber er ist unser **immaterieller, himmlischer** Vater und er hat uns mit allen Voraussetzungen ausgerüstet, ein gutes und anständiges Leben zu führen. Wenn wir es trotzdem nicht in seinem Sinne tun, dann müssen wir selbst die Konsequenzen des Lebens tragen, aber wir können Gott nicht dafür verantwortlich machen.

Ich möchte noch einmal ganz besonders betonen, dass Gottvater **keine** Person ist! Auch wenn die Formulierungen immer so klingen.

Also ich sagte, es ist zunächst für die Ausbildung gleichgültig, ob sich der Mensch zu Gott hingezogen fühlt oder nicht, die Ausbildung ist ein rein materieller, sachlicher Vorgang. Aber für das Wohlbefinden des Menschen und seinen Seelenfrieden ist der Glaube an Gott von ausschlaggebender Bedeutung.

Ein Mensch, welcher weiß, was und wo Gott ist, findet sich im Leben leichter zurecht. Er ist zwar nicht immer erfolgreicher, denn das ist nur von ihm persönlich und von seinem Können abhängig, aber in jedem Fall ist er zufriedener und glücklicher.

Gott, also die positive Energie, gibt uns die Kraft, uns gegen die Folgen der negativen Energie zur Wehr zu setzen und diese zu überwinden.

Diesen Menschen möchte ich euch einmal zeigen.
Ihr dürft von ihm alles Gute erwarten.
Wenn Gott ein ... ... wäre, dann wäre diese
Frage berechtigt. Aber er ist unser Vater, ...

Das „Ableben"

Schon wieder so ein eigenartiger Begriff. Man könnte doch auch sagen: Das Sterben, oder: Der Tod. Aber nein, wir befassen uns mit dem „Ableben". Das klingt nicht so abstrakt und ist umfassender.

Aus der Physik wissen wir, Energie kann nicht verloren gehen und sie kann sich nicht auflösen. Sie kann auch nicht erzeugt werden. Wenn wir von „Energieerzeugung" sprechen, meinen wir immer die Umwandlung von irgendeiner Energieform in „Elektroenergie".

Mir kommt es hier besonders darauf an, die Frage nach der „Energie" im Menschen, also seine Lebensenergie, zum Zeitpunkt seines Ablebens zu beleuchten, **denn diese Lebensenergie ist Gott.**

Die beiden anderen Begriffe statt „Ableben", Sterben oder Tod, sind zwar auch nicht falsch und treffen auch zu, aber das „Ableben" trifft noch eine Nuance genauer den Kern des Problems.

Also, zunächst „leben" wir! Was heißt denn das? Wir wissen zwar alle, was es bedeutet zu „leben" oder „tot" zu sein. Aber die Hintergründe sind uns nicht bekannt, bzw. darüber denken wir nicht nach. Keiner von uns „Lebenden" war schon mal tot und ist zurückgekehrt, um von dem „Jenseits" berichten zu können. Es gibt zwar genügend Berichte darüber, aber, tut mir leid, ich glaube nicht daran. Nicht, dass ich sagen möchte, diese Autoren würden lügen, nein auf keinen Fall! Aber, ich glaube bei diesen Berichten handelt es sich um Träume und nicht um tatsächliche Erlebnisse.

Das Jenseits, von welchem viele Autoren berichten, gibt es **nachweislich** nicht. Da wird von grünen Wiesen und herrlichen Landschaften mit viel viel Licht gesprochen. Das ist und bleibt eine Wunschvorstellung und ein Traum. Wie wir doch wissen, sind Gott und das sogenannte „Jenseits" **keine Materie!!** Gott und das „Jenseits" sind geistig!! Das bedeutet, wir müssen uns, ob wir es nun wollen oder nicht, von **allen** materiellen Vorstellungen des „Jenseits" trennen. Natürlich gibt es ein „Jenseits"! Aber kein materielles! Das tatsächliche Jenseits ist geistiger Natur, man könnte auch Energiefeld dazu sagen, und deshalb ist es für uns nicht vorstellbar, wir haben keinerlei Vergleichsmöglichkeiten.

Natürlich ist es jedem Menschen freigestellt, sich seine eigenen Gedanken oder Wunschvorstellungen von „seinem Jenseits" zu machen. Gedanken sind frei! Aber an den Tatsachen kommen wir nicht vorbei und das müssen wir akzeptieren.

Denken wir einmal darüber nach. Wir alle wissen, und das wird Ihnen jeder Theologe bestätigen, **Gott ist keine Materie.** Darüber gibt es also keinen Zweifel. Aber **es gibt Gott**, und darüber gibt es auch keinen Zweifel. Also Gott ist geistig und existent. Wie könnte aber ein immaterieller geistiger Gott in einem materiellen Jenseits sein? Das ist nicht vorstellbar! Aber ein immaterieller geistiger Gott in einem immateriellen geistigen Jenseits schon.

Der Vorgang des Ablebens hat zwei Varianten.

1. Ein Mensch stirbt, alle Organfunktionen setzen aus und der **Hirntod** tritt ein. In diesem Moment ist der Mensch klinisch tot und eine Wiederkehr in das Leben ist nicht mehr möglich.
    Gott (das Energiefeld) hat den Sterbenden bereits verlassen.

Dieser Fall scheidet also als Erinnerungsmöglichkeit an eine „Nahtoderfahrung" oder „Todeserfahrung" aus.

2. Ein Mensch liegt im Sterben, d. h. alle Funktionen des Körpers werden heruntergefahren, sind aber noch nicht abgeschaltet. Also auch das Gehirn arbeitet noch, und das manifestiert sich für den Sterbenden als Traum oder Illusion. Der Sterbevorgang wird unterbrochen oder abgebrochen und der Mensch kommt zurück ins Leben. Dieser Vorgang gilt dann als „Nahtoderfahrung", über die der Patient dann berichtet. Denn, wenn es kein materielles Jenseits gibt, kann er es auch nicht besucht haben. Es bleibt also eine Illusion bzw. ein Traum.

Die Betroffenen werden jetzt natürlich sagen, nein das hab ich nicht geträumt, mein „Geist" (also ich) war tatsächlich dort. Wenn ich eine geistige Vorstellung oder Erinnerung habe, ohne dass der Körper beteiligt ist, ist und bleibt es ein „Traum". Das heißt, im Gehirn werden gespeicherte Erlebnisse reaktiviert.

Es gibt Schilderungen von Begegnungen mit Verstorbenen. Auch das sind gespeicherte Erinnerungen, denn die Körper der Verstorbenen existieren ja nicht mehr. Eine Begegnung ist also nur mit deren Geist, also mit deren Seele möglich und diese erfolgt im Energiefeld. Das erleben wir als Traum.

Bei den Schilderungen, wo der Patient sich selbst auf dem OP-Tisch liegen sieht, ist es etwas komplizierter. Da gibt es Dinge, welche der Patient nicht wissen kann, aber doch schildert.

Der „Geist" des Menschen, oder die „Seele" (**das Energiefeld**), verlässt in bestimmten Situationen den Körper und überträgt später die aufgenommenen Frequenzen auf das Gehirn des Patienten. Dort manifestieren sie sich als „Traum". Das sind dann diese realen, übereinstimmenden Schilderungen, welche wir mit „Nahtoderfahrung" bezeichnen. In einem solchen Fall ist es also so, dass das „Gesehene" nicht mit den Augen wahrgenommen wird, sondern das Energiefeld des Patienten überträgt die aufgenommenen Frequenzen der Gegenstände auf das Gehirn des Patienten. Den Beweis dafür, dass es so ist, bringt der Patient selbst. Er liegt ohne Bewusstsein auf dem OP-Tisch und schildert später Einzelheiten des Geschehens aus der Sicht von oben, was ja praktisch, mit den Augen, nicht möglich wäre.

Solange das Gehirn noch arbeitet, ist der Patient noch nicht verstorben und kann jederzeit in das irdische Leben zurückkehren. Deshalb darf grundsätzlich eine Organentnahme erst dann durchgeführt werden, wenn der Gehirntod durch den Arzt bestätigt wurde.

Es wäre sehr fatal, wenn jemand, der über eine solche „Todeserfahrung" berichtet hat, tatsächlich für „tot" erklärt worden wäre. Vor dieser Möglichkeit haben viele Menschen Angst. Aber da kann ich Sie absolut beruhigen, diese Möglichkeit besteht schon sehr lange nicht mehr!

Wenden wir uns wieder der eigentlichen Frage zu: Was geschieht im Moment des Ablebens mit der Energie in unserem Körper?

Dieser Vorgang scheint zunächst sehr einfach zu sein, ist es aber nicht. Wir sind der Meinung, der Vorgang des Sterbens ist uns hinreichend bekannt. Wir wissen zwar, dass die Körperfunktionen alle so nach und nach schwächer werden, bis sie eines Tages ganz aufhören, aber das ist nur die halbe Wahrheit.

Es sind zwei Dinge, welche wir dabei bedenken müssen: erstens die physikalischen Abläufe und zweitens die geistige Seite. Diese zwei Ereignisse laufen bei einem normalen, natürlichen Sterbevorgang wie folgt ab:

Als Erstes setzt der physikalische Sterbevorgang ein. Während das Gehirn weiterarbeitet, werden die Funktionen aller körperlichen Organe schwächer, bis sie ganz aufhören zu arbeiten. Wohl bemerkt, wir sprechen hier von einem natürlichen Sterbevorgang. Der Tod durch Unfall oder durch sonstige Gewalteinwirkung läuft natürlich anders ab.

Wie wir wissen, ist der Geist oder die Seele des Menschen, die ihm innewohnende Lebensenergie Gott. Und Gott bleibt bis zum letzten Atemzug im Sterbenden und verleiht ihm Kraft. Erst wenn alle körperlichen Organe, einschließlich Gehirn, ihre Arbeit eingestellt haben, verlässt Gott als Letzter den Sterbenden und gibt damit die körperliche Hülle zur Entsorgung frei. Ich weiß, das klingt entsetzlich und unmenschlich, aber es ist und bleibt die Entsorgung der wertlosen körperlichen Hülle. Das ist natürlich nur rein sachlich zu verstehen. Der persönliche Wert des Verstorbenen für die Angehörigen bleibt völlig unberührt. Die körperliche Hülle ist nur so lange allgemein wertvoll, wie sie von Gott belebt und bewohnt wird.

Hier muss ich allerdings einen wichtigen Einwurf bringen.

Wenn die körperlichen Organe ihre Funktionen einstellen, weil keine Steuerung mehr vom Gehirn erfolgt, sind diese Organe zwar für den Verstorbenen wertlos, weil die geistigen und damit göttlichen Funktionen dieses Menschen nicht mehr da sind, aber für Menschen, bei denen die Gehirnfunktionen noch vorhanden sind und nur das Organ selbst seinen Dienst versagt, für diese Patienten sind diese Organe von unschätzbarem Wert. Für diese Menschen bedeuten derartige Organe das Weiterleben. Dank der medizinischen Wissenschaften ist es möglich geworden, Organe von Verstorbenen auf Kranke, aber Lebende zu übertragen, zu **transplantieren**. Dieser Erfolg der Wissenschaft ist ein Segen für die ganze Menschheit! Allerdings besteht zzt. noch eine Einschränkung. Es sind alle Organe, außer dem Gehirn, transplantierbar. Ich schreibe bewusst „zzt.". Die Wissenschaft arbeitet an diesem Problem und irgendwann wird auch diese Transplantation möglich sein. Ja es wird sogar daran gedacht, irgendwann auch einen ganzen Kopf transplantieren zu können.

Hier hat der Mensch einen ganz entscheidenden Eingriff

in die Evolution vorgenommen, indem er das Leben eines erkrankten Menschen verlängern kann.

Nachdem alle Organe, einschließlich Gehirn, ihre Funktionen eingestellt haben, ist der Mensch verstorben. So das Fazit aus den vorangegangenen Betrachtungen in sachlicher Formulierung. Was heißt das?

Wir wissen, dass sich die Energie des Mannes in seinem Sperma und die Energie der Frau in ihrer Eizelle befindet. Bei der physikalischen Vereinigung beider Körperzellen bildet sich der Fötus und in demselben vereinigen sich Energie des Vaters und Energie der Mutter zur Lebensenergie des Kindes, genannt Gott. Dort bleibt und agiert diese Energie lebenslang.

Wir wissen aus der Physik, Energie **kann nicht** verloren gehen. Energie kann auch nicht erzeugt werden, sondern man kann sie nur umwandeln bzw. übertragen. Das entspricht dem „Energieerhaltungsgesetz" der Physik. Im vorliegenden Fall wird also vorhandene Energie des Vaters und vorhandene Energie der Mutter in die Lebensenergie des Kindes übertragen.

Von der ersten Sekunde der Menschwerdung durch Zellvereinigung bis zur letzten Sekunde des Lebens in einem Menschen, befindet sich eine gewaltige Menge Energie in ihm.

Hier noch eine Erinnerung: Bitte „Energie" nicht mit „Kraft" verwechseln! Energie ist erforderlich, um Kraft entwickeln zu können. Kraft ohne Energie ist nicht möglich, aber Energie ohne Kraft schon. Eine kleine Pflanze oder ein kleines Tier hat viel Energie, aber keine oder nur sehr wenig Kraft.

Jedes Organ im menschlichen Körper benötigt für seine Arbeit und Funktion Energie.

Jede Form von Energie wird bei ihrer Anwendung in eine andere Energieform umgewandelt, aber verloren gehen kann sie nicht. Verbraucht wird nur der Teil der Energie, welcher umgewandelt wurde und dieser Teil der Energie ist in der umgewandelten Form wieder vorhanden. Dieses Grundgesetz der Physik ist wissenschaftlich erforscht und unumstößlich! Das bedeutet natürlich, dass sich die, einem Menschen innewohnende Energie bei seinem Ableben ja nicht einfach auflösen und verschwinden kann. Also lohnt es sich, einmal über den Verbleib derselben nachzudenken.

Wir leben in einem unendlich großen Energiefeld, welches wir „Gott" nennen. Dieses Feld überträgt die für uns unerlässliche Lebensenergie auf unseren Körper. Bei unserem Ableben geht unsere Lebensenergie automatisch wieder zurück in dieses Ursprungsfeld und steht sofort wieder zur Verfügung. Es besteht ein Kreislauf, welchen man mit dem Wasser vergleichen könnte. Wasser wird zwar lokal verbraucht, kommt aber zwangsläufig immer wieder in den Kreislauf der Natur zurück. Mit anderen Worten, das Naturelement Wasser kann nie verloren gehen, auch wenn es manchmal so scheint, weil es lokal verbraucht wird. Ein örtlicher Mangel kann durchaus auftreten, aber das ändert nichts daran, dass sich Wasser in einem ewigen Kreislauf befindet. Wäre das nicht so, dann gäbe es schon längst kein Wasser mehr auf der Erde. Der große Unterschied zwischen Wasser und Energie besteht darin, dass Wasser eine Materie und Energie geistig ist.

Das sind unumstößliche Gesetze der Natur, welche wir einfach akzeptieren müssen.

In dem Moment, wo die Lebensenergie unseren Körper verlässt, stellen alle Organe ihre Funktionen ein. Damit ist der Mensch „verstorben", das irdische Leben ist zu Ende. Aber wie wir ja wissen, kann sich Energie nicht auflösen, sie kann auch nicht verloren gehen! Wie geht es also weiter?

Das „Leben"
nach dem irdischen Leben

Das klingt doch recht eigenartig. Kann es denn überhaupt ein „Leben" nach dem irdischen Leben geben? Zugegeben, da ist eine kleine gedankliche Stolperfalle enthalten. Die meisten Menschen denken bei dem Begriff „Leben" nur an das **materielle irdische** Leben. Wenn es so wäre, dann wäre „hinter der Friedhofsmauer" tatsächlich alles vorbei. Aber dem ist, Gott sei Dank, nicht so.

Natürlich, das **irdische** Leben ist unwiederbringlich zu Ende. Der Körper zerfällt wieder zu Erde. Das ist ein ganz normaler physikalischer Vorgang. Aber unser „Leben" besteht aus dem **begrenzten irdischen** Leben und dem **unbegrenzten ewigen, geistigen** Leben. Eigentlich ist das ganz logisch und kann gar nicht anders sein. Dieser Schlussfolgerung liegen die Grundgesetze der Physik, das Energieerhaltungsgesetz, zu Grunde. Energie, und das ist die Grundlage unseres Lebens, kann sich weder auflösen, noch sonst irgendwie verloren gehen.

Die Frage ist nur, **wie** kann das alles sein? **Wie funktioniert das?**

Nachdem die Lebensenergie und die geistige Energie (das Wissen) den Körper verlassen haben, gilt der Mensch als verstorben. Damit ist das **„irdische"** Leben zu Ende und der leblose Körper wird wieder der Erde übergeben. Dieser Abschnitt ist klar und verständlich, hierzu gibt es keine Fragen.

Aber was geschieht mit der geistigen Energie? Hier müssen wir daran denken, dass wir zwei getrennte Energiefelder in uns haben. Erstens, die Lebensenergie selbst, welche überhaupt das Leben erst möglich macht und zweitens, die Energie des gespeicherten Wissens in den Gehirnzellen. Diese Energie kann man auch „geistige Energie" nennen. Aber da dieser Begriff zu leicht mit „geistiger Energie", (groß geschrieben) also mit „Gott" verwechselt wird, habe ich ihn bewusst nicht verwendet.

Also fassen wir zusammen: Wir tragen die geistige Energie des Lebens (Gott) und die geistige Energie des Wissens (das erlernte Wissen) in uns. Das sind zwei Energiefelder unterschiedlicher, umgewandelter Energieformen. Entsprechen aber am Ende wieder der Energie aus dem großen Energiefeld Gott. Das Feld der geistigen Energie oder Lebensenergie ist Gott. Dieses Feld erhalten wir ohne unser Zutun bei unserer Geburt, denn es ist das Leben. Das Feld der geistigen Energie, also unser Wissen, müssen wir uns durch Erlernen oder Erfahrung aneignen. Dieser Unterschied wird durch die Groß- und Kleinschreibung deutlich.

Wie wir wissen, kann sich Energie weder verflüchtigen, noch sonst irgendwie auflösen! Also, ob wir es wahrhaben wollen oder nicht, diese Energie muss nach dem Ableben irgendwo sein! Das Energieerhaltungsgesetz der Physik hat in jedem Bereich der Energie Gültigkeit, also auch bei der Energie im Menschen.

Nachdem die Lebensenergie den Körper verlassen hat, ist das irdische Leben oder das physische Dasein zu Ende, aber **nicht** das geistige, immaterielle Leben. Die Energie geht auch nicht verloren, sondern sie geht zurück in das große Energiefeld, welches wir „Himmel" nennen und kann nie verloren gehen! Wir können auch „Unendlichkeit" dazu sagen, denn dieses „Leben **nach** dem irdischen Leben" besteht unendlich, es ist Energie.

Mancher wird jetzt vielleicht denken, dass das etwas mit „Spiritismus" zu tun hat. Dem ist aber keinesfalls so! Der Spiritismus befasst sich mit dem Umgang bzw. der Verbindung der physischen Welt mit der geistigen Welt. Wir sprechen hier aber nur über die **Existenz** der geistigen Welt. Ein bewusster Umgang mit ihr ist den Menschen nicht möglich. Das ist ja dieses Phänomen unserer Existenz. Die Energie für unseren Körper kommt und geht, ohne dass wir darauf Einfluss nehmen können. Aber ohne Energie gibt es kein Leben! **Leben ist Energie und Energie ist Gott!!**

Denken Sie an den Spruch: **„Ich bin Dir näher, als Du glaubst - Gott."**

Ab jetzt wird es kompliziert.

Wenn die Energie unseres Lebens unseren irdischen Körper verlassen hat, wird der irdische Körper völlig wertlos und muss wieder der Erde übergeben werden. Dieser Weg ist hinreichend bekannt und ist für uns selbstverständlich geworden. Aber es ist nun mal so, dass das Leben eines Menschen aus zwei Komponenten besteht: die körperliche materielle und die geistige immaterielle. Die materielle Komponente ist sterblich und vergänglich, sie wird wieder zu Erde. Die geistige immaterielle Komponente, also die Energie, man könnte auch „Seele" dazu sagen, ist unsterblich und gehört zu

Gott. Und genau dahin geht sie nach dem Ableben des irdischen Körpers zurück. Aber wo ist das? Wo befindet sich unser geistiges, immaterielles „Ich", also unsere Seele nach unserem irdischen Ableben? Das ist die meist gestellte Frage. Diese Frage ist **scheinbar** leicht zu beantworten, aber nur scheinbar! Die Antwort lautet: „Bei Gott."

Bei oberflächlicher Betrachtung könnte man zu dem Schluss kommen: Ja, das ist eine Floskel! Wo sollte denn die Seele sonst sein!

Hier muss ich unbedingt noch eine Ergänzung einfügen, welche für das weitere Verständnis erforderlich ist.

Es gibt eine Zeit vor unserer Existenz und eine Zeit nach unserer Existenz. Vor unserer Existenz, gemeint ist damit die Zeit vor der Zellvereinigung von Vater und Mutter, gab es das Energiefeld unsere „Seele" noch gar nicht. Auch nicht in dem unermesslich großen Energiefeld „Gott". Es gab nur zwei getrennte, unterschiedliche „Energiefelder". Eins in einem Mann und eins in einer Frau! Diese beiden Felder wurden physikalisch zusammengeführt und zu einem gemeinsamen Feld vereinigt. Dieses „vereinigte" Energiefeld wurde dann die „Seele" des neu entstandenen Menschen und bildet seine Lebensenergie bis zu dessen Tod. Das Betrifft aber nur die „Lebensenergie". Die geistige Energie, also die Energie des Wissens, wird ja erst nach und nach übernommen und erarbeitet (erlernt).

Nach dem Ableben geht also ein vereinigtes Energiefeld, welches es vorher in **dieser Form** noch nicht gab, in das große Energiefeld „Gott" zurück. Wir sagen auch „Himmel" dazu. Bitte verstehen Sie das nicht falsch, es wurde keine neue „Energie" geschaffen, sondern es wurde aus **zwei vorhandenen** Energiefeldern **ein gemeinsames** und **damit neues** Feld erschaffen. Also wieder wie gesetzmäßig vorhandene Lebensenergie vereint.

Es ist schwierig jetzt den Überblick zu behalten, aber ich will versuchen die Dinge etwas zu erhellen.

Wir haben also festgestellt, dass zwei fremde Energiefelder (in Mann und Frau) zu einem gemeinsamen Energiefeld (Kind) vereinigt werden und dieses Feld die Lebensenergie des neuen Menschen bildet. Dieses vereinigte (neue) Energiefeld hat es vorher **in dieser Form** nicht gegeben. Wohl bemerkt: In dieser Form! Es waren zwei getrennte fremde Energiefelder.

Nun haben wir aber zwei Energiefelder in uns: die Lebensenergie, wir können auch Seele dazu sagen, und die geistige Energie des Wissens. Die Übertragung der Lebensenergie erfolgt bereits bei der Vereinigung von Sperma und Eizelle. Die Energie des Wissens wird durch Erlernen aufgebaut und setzt einen gewissen Reifegrad voraus.

Dieser Vorgang ist aber wesentlich komplizierter, als es hier scheint. Ich habe bewusst in dem vorherigen Absatz von dem „normalen" Vorgang der Bildung eines gemeinsamen „Energiefeldes" Seele gesprochen. Allerdings gibt es da unterschiedliche Varianten.

Bei der Generierung des neuen gemeinsamen Energiefeldes, der Seele des neuen Menschen, ist ja immer das große Energiefeld „Gott" dabei, denn von dort kommt ja die Lebensenergie für den neuen Menschen, welche lediglich über Vater und Mutter **übertragen** wird. Dabei kann es geschehen, dass bei der Übertragung von Lebensenergie aus dem „Reservoir Gott", auf den werdenden neuen Menschen, Lebensenergie von längst verstorbenen Menschen wieder mit übertragen wird. Dadurch kann es zu den bekannten „Déjà-vu"-Erlebnissen oder zu außergewöhnlichen Kenntnissen und Fähigkeiten kommen.

Denken Sie dabei nur mal z. B. an Wolfgang Amadeus Mozart. Es gibt absolut keine Zweifel: Die Kenntnisse und Fähigkeiten des Kindes W. A. Mozart können keinesfalls durch Lernen erworben worden sein! Hier ist tatsächlich nur eine geistige Übertragung möglich und diese nennt man dann: „Veranlagung."

Versuchen wir einmal darüber nachzudenken. Wo oder was ist das denn, wenn wir sagen, unsere Seele, also unsere Lebensenergie, geht nach unserem Ableben zu Gott?

Dieses Buch trägt den Titel: „Das „Leben" nach dem irdischen Leben." Viele werden nun sagen, aber das gibt es doch gar nicht. Das hat doch nichts mit dem „Leben" zu tun. Der Mensch ist doch verstorben, also tot!

Natürlich ist da ein Unterschied. Das geistige Leben nach dem irdischen Leben ist auf keinen Fall mit dem irdischen Leben vergleichbar! Aber trotzdem hat der Begriff „Leben" seine Berechtigung, nur auf einer anderen Ebene.

Was macht denn unser Leben aus? Was bedeutet das, „ich lebe"? Der Körper ist nur ein unbedeutender Teil unseres lebenden „Ichs" und für sich alleine völlig wertlos.

Unsere Lebensenergie, also unser geistiges „Ich" hingegen ist auch alleine sehr sehr wertvoll und lebensfähig, nur auf einer anderen Ebene. Das Problem für uns Menschen ist dabei, dass wir diese Ebene nicht sehen und nicht kennen.

Leider ist es so, dass für die meisten Menschen nur das existiert, was sie sehen und anfassen können. Aber diese „Existenzebene" existiert wirklich, nur wir können sie nicht sehen!

Diese „Ebene" ist ein unvorstellbar großes Energiefeld, welches von uns mit **„Himmel"**, aber auch mit **„Gott"** bezeichnet wird. Beides ist richtig. Von dort kommt die Lebensenergie für die neuen Erdenbürger und dorthin geht am Ende des irdischen Lebens die Lebensenergie zurück. Dieses „Energiefeld" Himmel ist gewissermaßen ein geistiger „Speicher" und hat nichts mit dem sichtbaren Weltall zu tun, welches wir Menschen fälschlicherweise mit „Himmel" bezeichnen. Das passiert, weil es in der deutschen Sprache, im Gegensatz zur englischen, leider nur eine Vokabel für „Himmel", also den geistigen und den irdischen, den Kosmos, gibt. In der englischen Sprache steht „sky" für den kosmischen und „heaven" für den geistigen Himmel.

Energie ist physikalisch messbar. Die Maßeinheit ist Joule. Allerdings immer nur mit Hilfe der Umwandlung in irgendeine Energieform. Das heißt, Energie muss immer erst in eine „Energieform" umgewandelt werden, um sichtbar oder messbar zu werden, also sichtbar ist immer nur die Wirkung der Energie. Reine Energie kann man weder sehen noch messen.

Bis hierhin, denk ich, ist es Logik und wissenschaftlich beweisbar. Was ich Ihnen jetzt sage, ist Glaube. So könnte es sein. Diesem Glauben liegt aber eine Logik zu Grunde.

Wie oben bereits erwähnt, existiert ein unvorstellbar großes Energiefeld, welches wir mit „Himmel" bezeichnen. Die Hauptkraft in diesem Feld, man könnte auch „Verwalter" dazu sagen, bezeichnen wir mit „Gott". Da ist aber ein großer Unterschied zu einem „Verwalter", wie wir ihn auf der Erde kennen. Gott ist selbst diese enorme Energie und verwaltet sich selbst. Wenn er davon etwas an einen neuen Erdenbürger abgibt, gibt er ein Stück von sich selbst ab und wenn er am Ende des irdischen Lebens eines Menschen ein Stück davon zurücknimmt, dann nimmt er ein Stück von sich selbst zurück und fügt es in dieses Feld wieder ein.

Das bedeutet, dass sich der Geist aller verstorbenen Menschen für immer und ewig in diesem Energiefeld befindet, von wo aus er immer wieder bei Neugeburten eingesetzt wird. Dabei kann es passieren, dass der Geist eines Verstorbenen zufälligerweise wieder neu eingesetzt wird. Im Normalfall wird ein solches Ereignis kaum bemerkt oder wahrgenommen. Aber in einzelnen bzw. in besonderen Fällen wird es sichtbar, da besondere Fähigkeiten oder Kenntnisse der Verstorbenen wieder auftreten. In ganz besonderen Fällen treten bei den Menschen Erinnerungen an Ereignisse oder Landschaften auf, welche sie nachweislich vorher nie bewusst erlebt oder gesehen haben. So genannte „Déjà-vu-Erlebnisse".

Diese Tatsache hat enormen Einfluss auf die Bildung oder den Bildungsstand der Menschen. Wenn z. B. ein Kind in einem Alter, wo noch keine Wissensbildung vorliegen kann, sagen wir einfach als Beispiel, zwischen sechs und acht Jahren, einen Wissensstand eines ausgebildeten Wissenschaftlers oder Künstlers hat, so ist logischerweise eine normale Ausbildung zu diesem Stand nicht möglich gewesen.

Also ergibt sich die Frage: Wo kommt dieses Wissen und Können her? Es gibt nur eine einzige Antwort darauf: geistige Übertragung von Verstorbenen bei der Übertragung der Lebensenergie. Eine andere Möglichkeit ist nicht vorhanden. Es lohnt sich hier, intensiv darüber nachzudenken.

Also halten wir fest: Nach dem Ableben des irdischen Körpers geht die geistige Energie zurück in das große Energiefeld Gott und von dort wird sie eines Tages, nach völlig unbestimmter Zeit, wieder auf einen neuen Menschen übertragen.

Mit anderen Worten: Die Lebensenergie der Menschen befindet sich in einem ständigen Kreislauf und lässt das „Werden" und „Vergehen" sichtbar werden.

Dieser Kreislauf besteht aber nicht nur bei den Menschen, sondern bei allen lebenden Organismen.

Die Lebensenergie der Pflanzen z. B. wird über die Erde auf die nachwachsenden Pflanzen übertragen. Dieser Vorgang ist zwar nicht so kompliziert wie bei einem Menschen, aber immer noch ein Wunder. Bedenken Sie dabei, dass die Pflanze aus nichts einen Samen produziert, der, in die Erde gebracht, wieder die gleiche

Pflanze wachsen lässt. Dieses Wunder ist nicht kleiner als die Entstehung eines Menschen, denn es entwickelt sich Materie aus **Nichts**.

Das „Werden und Vergehen" bezieht sich nur auf die Materie. Die immaterielle, also geistige Seite ist unvergänglich, also ewig.

Deshalb ist es absolut berechtigt und richtig, wenn man von dem „Leben nach dem irdischen Leben spricht".